Tres amigos quieren cruzar el río.

Pero el río es tan profundo que no pueden pasarlo.

El conejito quiere cruzar en barco por la superficie del río.

El gatito quiere cruzar el río por el puente en autobús.

El perrito quiere cruzar el río por el túnel en taxi.

Mira, ya los tres han cruzado el río.